AF554748

CONSIDÉRATIONS

SUR

L'ÉTAT SOCIAL DES POPULATIONS

DE

LA TURQUIE D'EUROPE,

PAR

M. BLANQUI.

EXTRAIT DU *JOURNAL DES ÉCONOMISTES.*

PARIS.

Au bureau du Journal des Économistes.

CHEZ GUILLAUMIN, ÉDITEUR,

GALERIE DE LA BOURSE, 5, PANORAMAS.

1842

CONSIDÉRATIONS

SUR

L'ÉTAT SOCIAL DES POPULATIONS

DE

LA TURQUIE D'EUROPE,

PAR

M. BLANQUI.

EXTRAIT DU *JOURNAL DES ÉCONOMISTES.*

Imprimerie d'Auguste Desrez, rue Lemercier, 24, Batignolles-Monceaux.

CONSIDÉRATIONS

SUR

L'ÉTAT SOCIAL DES POPULATIONS

DE

LA TURQUIE D'EUROPE.

Il n'y a point de pays qui présente de nos jours un sujet d'étude plus intéressant que la Turquie d'Europe. Les hommes d'état, les philosophes, les économistes, y ont encore plus à apprendre que les poëtes, accoutumés à y venir chercher, de temps immémorial, des souvenirs et des inspirations. Cette terre, si belle et si triste, est la seule aujourd'hui qui passionne les plus grands esprits. Ses destinées ont failli mettre en question le repos de l'Europe. Chacun sent qu'elle recèle dans son sein les germes d'un avenir mystérieux et fécond, qui ne l'intéresse pas toute seule. Aux yeux de la politique, le poids qu'elle peut mettre dans la balance est si grand, qu'il suffirait à déranger l'équilibre du monde ; aux yeux de la religion, cette terre est plus importante peut-être, et le nom de sa capitale dit assez les services que le christianisme en a reçus et ceux qu'il en peut espérer. Tous les regards sont fixés sur elle avec une sympathie mêlée d'anxiété. On voudrait résoudre à la fois les magnifiques problèmes qu'elle offre à la sollicitude publique, car la barbarie qui la désole semble un défi porté à la civilisation.

Il ne faut pas s'étonner, pourtant, que malgré le vif intérêt qu'elle inspire, la Turquie soit encore si peu connue. Il n'y a pas très-longtemps qu'on peut la parcourir avec impunité, car on y devient suspect aussitôt qu'on s'arrête. Les sultans n'y sont pas toujours maîtres, et les plus hardis voyageurs ne l'ont jamais visitée qu'en courant. Les meilleures cartes qu'on en ait levées, autrichiennes, russes, françaises, sont pleines d'erreurs incroyables, et plus faites pour égarer que pour conduire. Plusieurs rivières y sont prises pour des villes, quelquefois des villes pour des montagnes. On y indique des centaines de villages qui n'existent point, et on en a oublié des milliers qui existent. Dans l'ancienne Mœsie et dans la Thrace, il y a des vallées beaucoup moins explorées que certains territoires Américains à l'ouest des Alleghanys. Au fond de quelques-unes de ces vallées laissées en blanc sur les cartes, j'ai trouvé des populations chrétiennes primitives, admirables de vigueur, de simplicité, de naïveté intelligente et pure. Il y a là un nouveau monde à découvrir, ou plutôt un monde ancien à exhumer. Le vieux christianisme y déborde de toutes parts comme une végétation luxuriante sur un terrain vierge. On dirait que les générations qui l'ont si précieusement conservé, en le dérobant pendant plusieurs siècles aux yeux des profanes, comprennent que l'heure est arrivée où elles peuvent enfin montrer à l'Europe reconnaissante ce glorieux et vénérable dépôt. C'est même le caractère le plus frappant de la Turquie actuelle que cette exubérance de vie de la population chrétienne en présence de la décadence physique et morale de la race musulmane.

En même temps que le voyageur est saisi d'étonnement à la vue de ce contraste, il admire l'incomparable magnificence du territoire turc et sa fécondité merveilleuse. A peine a-t-il franchi le cours de la Save, qui sépare Semlin de Belgrade, c'est-à-dire la Hongrie des provinces serbes, que toutes les surprises commencent à l'assaillir à la fois. L'Océan n'offre pas une barrière plus complète que cette rivière entre la barbarie et la civilisation. Sur la rive gauche, tout est animé, peuplé, cultivé ; tout est solitaire et presque inculte sur la rive droite. La noble citadelle du prince Eugène tombe en ruines entre les mains des Turcs ; Belgrade semble renaître entre les mains des Serbes, qui sont des chrétiens. Partout où brillent des croix s'élèvent des maisons nouvelles ; partout la terre se couvre de décombres, où rayonnent des minarets. Cette ville est comme un avant-goût de la Turquie tout entière. On dirait que la politique n'y a réuni les chrétiens et les Turcs que pour mieux faire ressortir l'incompatibilité des deux races, ou plutôt la supériorité, désormais incontestable, de la race chrétienne. La Servie est le laboratoire où se prépare le seul travail de fusion qu'on puisse espérer après tant d'oppression d'une part et de souffrances de l'autre. C'est là que les deux populations, juxtaposées plutôt qu'unies, essayent, sous une administration moitié chrétienne, moitié turque, la nouvelle existence sociale qui servira quelque jour de modèle à tout le reste de l'empire, ou tout au moins de transition vers un régime meilleur.

La Servie se présentait donc naturellement à mes observations au début du voyage dont je vais entreprendre d'exposer les résultats. Cette province, à moitié détachée de l'empire par le traité de Bucharest (16 mai 1812) et par celui d'Ackerman (25 septembre 1826), forme une véritable tête de pont, excellente pour défendre, plus favorable encore pour attaquer le pays auquel elle ne tient plus que par les faibles liens d'une vassalité douteuse. Le fameux Tzerni-George jeta, au commencement de ce siècle, les bases de son indépendance, confirmées après sa mort par le prince Milosch, exilé à son tour, malgré les grands services qu'il a rendus à son pays. J'ai eu l'occasion de voir à Vienne cet homme si remarquable, quoique entièrement illettré, mais plein de ressources dans l'esprit et de fermeté dans le caractère. Il est bien évident qu'il était déjà plus qu'un vassal, quand il recevait à Constantinople l'investiture de la Porte, avec l'hérédité dans sa famille et des immunités presque égales à celles des têtes couronnées. Chrétien, il commandait à des populations chrétiennes; c'est le premier exemple de ce genre qui ait été donné en Turquie, où la race musulmane n'avait cessé jusqu'alors d'exercer le privilége du vainqueur sur toutes les castes de rayas. Les Musulmans ont vu, depuis, la Grèce leur échapper, comme la Moldavie et la Valachie avaient échappé à leurs pères, et l'on ne saurait accorder trop d'attention à ce point de départ de l'ère toute nouvelle qui s'ouvre dès ce moment pour l'état social en Turquie.

Il a fallu moins de trente ans pour opérer ce changement radical dans la constitution de l'empire ottoman. Je dis que ce changement est radical, parce qu'il est devenu la source de tous les autres et le prélude naturel de toutes les réformes tentées avec plus ou moins de succès en ces derniers temps. Aussi convient-il d'arrêter un moment ses regards sur les principaux événements qui en ont été la conséquence, et qui me semblent devoir influer d'une manière si décisive sur le développement de la civilisation dans la Turquie d'Europe. La véritable cause de l'incompatibilité des deux races était l'intolérance religieuse des Turcs, qui ne leur permettait ni de contracter aucune alliance avec les chrétiens, ni de considérer ceux-ci comme leurs égaux devant la loi. De là, comme chacun sait, les partialités révoltantes de la justice musulmane, les impôts établis sur une caste, les priviléges et l'impunité assurés à l'autre. Il a suffi d'un traité pour réduire en poussière les débris de la domination musulmane, et les Serbes jouissent aujourd'hui des mêmes garanties que les sujets de l'Autriche et de la Russie. La liberté des cultes chez eux est entière; ils ont une administration centrale et locale toute chrétienne; une petite armée parfaitement disciplinée, des milices nombreuses, des écoles naissantes, et même notre régime pénitentiaire, armé des rigueurs assez peu philanthropiques du système cellulaire. La poste aux lettres, l'imprimerie, les journaux, leur ont été improvisés d'une manière peut-être trop hâtive pour des mains encore inhabiles à user de ces instruments redoutables. En même temps, le prince Milosch, qui en a été la première victime, ouvrait des routes praticables au travers des forêts, jetait des ponts ou des bacs sur les rivières, fondait les quarantaines sur la frontière, des hôpitaux dans les villes, et une foule d'institutions utiles.

Rien n'est plus intéressant à observer que le mouvement progressif de ce petit état, naguère soumis aux lois musulmanes, sous l'influence des libertés nées de la conquête de son indépendance. Quoique marqué au vif des stigmates du gouvernement turc, le peuple serbe a déjà sa physionomie particulière et une vitalité propre, capable non-seulement de résistance, mais encore d'agression. Je n'ai vu nulle part une plus vive susceptibilité nationale, une plus grande sévérité dans l'exécution des lois sanitaires, une plus vigilante surveillance envers les voyageurs. Ils exagéreraient volontiers les entraves de la civilisation pour paraître plus civilisés. Mais il y a au fond de ces essais prématurés tant de velléités sincères, tant de tendances honorables, tant de véritables améliorations en germe, que la Servie peut être considérée comme une province chrétienne plutôt que comme une dépendance de la Turquie. On dirait qu'elle agit sur elle-même en manière d'expérimentation sociale, pour l'édification des autres populations chrétiennes de l'Orient. Ses campagnes ont déjà gagné quelque chose en richesse à cette généreuse initiative, ou plutôt à cette sainte initiation d'un peuple tout entier à ses destins nouveaux. Il y règne plus de vie que dans les champs solitaires et désolés de la Turquie. D'innombrables troupeaux de bœufs, de moutons et surtout de cochons répandent l'aisance et souvent la fortune parmi les habitants. On ne saurait trouver une contrée plus riche des dons de la nature, plus agréablement accidentée, plus heureusement mêlée de bois et de terres labourables, mieux arrosée, mieux partagée sous tous les rapports. Je me bornerai à citer la délicieuse vallée de l'Ipek, si mal indiquée sur les cartes, et qui pourrait soutenir la comparaison avec la Limagne et le Grésivaudan.

Puisque j'ai à constater l'état social de ce démembrement important de la Turquie d'Europe, il me semble nécessaire de signaler la part remarquable que les femmes n'ont cessé de prendre à tous les mouvements qui l'ont préparé, et particulièrement la princesse Lioubitza, épouse du prince Milosch. Il faut avoir vu de près l'insolence des Turcs envers les femmes chrétiennes, eux habituellement si respectueux envers celles de leur religion, pour comprendre le ressentiment implacable des dames serbes contre les Musulmans, qu'elles appellent des tyrans de harem. Aussi, durant les guerres de l'indépendance sous Tzerni-George et sous Milosch, les femmes se sont-elles constamment distinguées par leur vaillance. La princesse Lioubitza montait à cheval pour combattre, et plus d'une fois elle a relevé les courages abattus dans des moments difficiles. Figurez-vous, Messieurs, une dame de cinquante ans environ, d'une attitude presque martiale, la tête couverte de cheveux gris en désordre, vêtue d'une simple tunique, ouvrage de ses mains, le front haut et sillonné de rides nombreuses; telle était la princesse serbe lorsqu'elle me fit l'honneur de me recevoir dans son palais de bois, entremêlant les questions qu'elle m'adressait aux récits les plus pittoresques et tout pleins d'une vive sollicitude pour le sort des femmes chrétiennes condamnées à vivre sous les lois musulmanes. Ici, je ne saurais tout dire; mais j'ai emporté la conviction que le christianisme est bien puissant aux lieux où il produit et soutient d'aussi grands caractères. De semblables rencontres me semblent constituer aux yeux des hommes clairvoyants une véritable révélation.

La supériorité du nouveau régime serbe se manifeste d'une manière encore plus éclatante au moment où les voyageurs pénètrent dans la Turquie directement soumise à l'autorité du

sultan. C'est sur les bords d'un affluent du Danube, le Timok, que le passage s'effectue, le croirait-on, dans une chaloupe formée d'un seul tronc d'arbre creusé à la manière des sauvages. On débarque dans la vase, et l'unique moyen de transport dont on puisse disposer pour gagner la ville de Vidin, située à dix lieues de distance et peuplée de vingt mille âmes, consiste en un char traîné par des bœufs sur quatre roues en bois d'une seule pièce, comme dans les âges héroïques. Telle est la diligence ottomane qui circule le long du Danube, en présence des bateaux à vapeur de la Compagnie autrichienne, impuissante à réveiller les Turcs de la léthargie où s'éteignent leur ardeur et leur nationalité. C'est dans cet étrange équipage que j'ai dû me rendre à Vidin, auprès du vizir Hussein, fameux par l'extermination des janissaires et par le luxe de sa maison presque royale, la plus somptueuse de l'Orient. Je ne saurais exprimer à l'Académie de quels pénibles sentiments l'âme du voyageur est oppressée en traversant cette magnifique plaine du Danube, aussi fertile que celle du Rhône autour d'Avignon, et plongée dans une solitude profonde; à peine y voit-on errer quelques malheureuses bandes de Bohémiens ou Tsiganes demi-nus, ou quelques rares troupeaux de moutons et de bœufs. Une population au teint hâve et flétri, des enfants nus et étiolés, des femmes dont tous les traits expriment la souffrance, errent parmi les chiens et le bétail dans des cabanes bâties d'osier et de boue. Çà et là on rencontre quelques traces de vignes arrachées, quelques restes de vergers abandonnés; mais le sol entier est en proie au parcours et aux mauvaises herbes. Je n'ai vu nulle part sur cette immense surface une seule pièce de blé, un seul carré de pommes de terre, rien enfin qui annonce la culture, si ce n'est quelques champs de maïs.

La ville de Vidin, chef-lieu du pachalick, est la digne capitale de ce désert. C'est un assemblage confus de maisons en bois, dont les ais mal unis laissent à peine pénétrer l'air et le jour dans leurs sinistres profondeurs. Il n'y a point de régularité dans les rues. Les eaux ménagères y séjournent en flaques fétides avec les dépouilles des animaux et des immondices de toute espèce. Les bouchers, qui sont très-nombreux, abattent le bétail sur le seuil de leurs portes, et en font couler le sang dans de grands trous creusés en terre, où les matières se putréfient et répandent au loin une odeur méphitique. Souvent des cadavres de chiens, de chats, de chevaux et même de bœufs gisent étendus dans les rues, qui deviendraient inhabitables, sans les nuées de vautours, d'aigles et de corbeaux qui planent incessamment au-dessus de leur proie. Dans certaines contrées de la Turquie, ces oiseaux carnassiers se comptent par milliers, et ne craignent pas le voisinage de l'homme. Pour comble d'insalubrité, la plupart des rues sont couvertes de branchages ou même de planches qui obstruent la circulation de la lumière, comme dans les bazars, bien connus dans tout l'Orient par leurs exhalaisons pestilentielles. On ne balaye jamais la voie publique, et jusque dans Andrinople, ville de cent mille âmes, j'ai trouvé des monticules d'ordures qui datent de plus de vingt ans, et qu'il faut tourner comme des obstacles, même quand on est à cheval. Tel est l'aspect des villes turques, heureusement parsemées d'arbres, ornées de fontaines et assainies par de grands espaces vides qui neutralisent les effets délétères de l'incurie municipale. Pour compléter le tableau de Vidin, il convient d'y ajouter celui de deux énormes potences qui s'élèvent en face de la citadelle, comme symbole de la justice du vizir.

Hussein, averti de mon arrivée et de ma qualité de Français, ne tarda point à m'envoyer un officier de sa maison, chargé de faire transporter mes effets au palais et de m'y conduire auprès de lui avec une sorte de pompe, au travers des quartiers les plus fréquentés de la ville. Il vint me recevoir au haut de l'escalier d'une manière tout à fait cordiale, et, après avoir examiné avec curiosité la cocarde nationale que je portais au chapeau, il m'adressa une foule de questions qui témoignaient vivement de sa sollicitude des grandes affaires de l'Europe. Hussein est un vieillard de soixante-huit ans, d'une corpulence extrême et d'une physionomie douce et fière. Tout le monde sera surpris d'apprendre que le redoutable exterminateur des janissaires est devenu un spéculateur du premier ordre, un véritable accapareur à la façon du pacha d'Égypte, plus occupé des tarifs de douane que de combats et d'administration. Possesseur d'un revenu évalué à près de deux millions de francs, il emploie ses nombreux capitaux en opérations gigantesques. Il achète en gros les blés de la Valachie, les laines de la Crimée, les huiles de la Macédoine, pour les revendre en détail. Il entretient dans les plaines de Vidin et dans celles de la Thrace un haras de 500 che vaux. 1400 employés largement salariés suffisent à peine aux besoins de son service commercial. Je ne parle pas de ses trente femmes, luxe étrange à son âge, ni de toutes les dépendances de son sérail, rival de celui du sultan. C'est un phénomène digne de l'attention des économistes, que l'existence de cette fortune colossale au sein de la plus horrible misère, et qu'un tel ascendant exercé à la faveur de capitaux qui suffiraient à vivifier la province dont l'épuisement les a fournis.

Aussi, quoique la plupart de mes entretiens avec Hussein aient roulé de préférence sur des questions d'économie politique, je ne me serais jamais attendu à trouver en lui un partisan de la liberté du commerce. Il faisait la guerre la plus originale et la plus spirituelle à nos tarifs. « Nos deux pays sont bien éloignés « l'un de l'autre, me disait-il, et j'ai cru longtemps que c'était « à cause de cette distance que nous faisions si peu d'affaires « ensemble; mais il paraît que, grâce aux douanes, vous n'en « faites pas beaucoup plus avec vos voisins. A qui vendez-vous donc « tout ce que vous produisez? Pour moi, je vous achèterais « bien des choses, si vous me permettiez de vous donner en « échange ce que nous produisons ici; mais je vois que vous ne « manquez de rien. Les Français doivent être bien heureux. » Je ne l'étais pas médiocrement, j'en conviens, de rencontrer un tel auxiliaire sur les bords du Danube, et je livre aux méditations de nos prohibitifs les observations naïves du pacha de Vidin. Au train dont marchent ces questions parmi nous, il ne serait pas impossible que la liberté du commerce nous arrivât du pays des Bulgares.

Je quittai à regret l'économiste-vizir pour me rendre à Nissa, au foyer des derniers événements dont la Turquie venait d'être le théâtre. Toute la contrée qui sépare le bassin du Danube de celui de la Nissava est entièrement défigurée sur les cartes. Il est vraiment surprenant que cette ligne importante qui longe la frontière serbe et qui couvre toute la Turquie de ce côté, soit assez peu connue pour qu'il m'ait fallu employer cinq jours de marche forcée à la parcourir, tandis que la topographie n'indique pas plus de sept ou huit heures. Au point culminant de cette ligne, la ville de Belgrachik mériterait seule la visite des géologues et des peintres, par le caractère spécial et pittoresque des terrains tourmentés sur lesquels elle est assise. C'est un des sites les plus grandioses et les plus effrayants que j'aie vus de ma vie. Dans le fond de ces gorges sauvages, j'ai vraiment découvert sept ou huit grands villages cachés comme des nids sous des forêts impénétrables. Ils étaient tous composés de familles chrétiennes. Plus tard, nous en avons rencontré beaucoup d'autres, et toujours si exclusivement habités par des chrétiens, que j'avais fini par me croire sorti de la Turquie. On ne sait pas assez en Europe que toute la Bulgarie est chrétienne, et que la race turque y est campée comme une espèce de garnison en pays conquis. Ce qu'on ne sait pas non plus, c'est la mâle vigueur des populations chrétiennes, et la beauté admirable des pays qu'elles habitent. Les expressions me manqueraient pour décrire avec exactitude le bassin au centre duquel s'élève la ville de Nissa, si agréable de loin, si fétide de près, comme toutes les villes turques. Nulle part la nature ne déploie, dans notre Europe, une plus grande magnificence ; nulle part le hasard ou la main des hommes n'a semé les arbres avec plus de grâce et d'harmonie, pour embellir un paysage. Les étoiles ne brillent pas d'une couleur plus vive au fond du firmament.

Mais, il faut le dire aussi, la plus affreuse misère règne au sein de ces beaux lieux. A l'aspect d'un soldat, et quels soldats! tout le monde se cache ou se tait : les femmes surtout se précipitent comme sans cesse menacées dans leur honneur ou dans leur modestie. A peine étais-je descendu des derniers chaînons du Balkan dans la plaine, c'est-à-dire en pleine Turquie, qu'il m'a fallu lutter contre les gens de mon escorte. Ils se jetaient comme des vainqueurs, un jour d'assaut, sur les volailles de mes hôtes, sur les buffets, sur tous les objets à leur convenance, et je me suis bien des fois douloureusement demandé ce qu'était devenu le hatti-scherif de Gulhané en assistant à ces déplorables excès. Les chrétiens les subissent avec une résignation stoïque, comme on souffre dans un mauvais climat la rigueur des saisons; mais il est facile de voir qu'ils en dévorent l'amertume en attendant des jours meilleurs, des jours qu'ils entrevoient. Que de patriotiques soupirs ces braves gens exhalaient devant nous, quand ils étaient bien sûrs que nous étions chrétiens! que de questions sur nos usages religieux, sur nos églises, sur nos prêtres! quelle ardeur expansive à nous interroger sur les cérémonies de nos baptêmes, de nos mariages, de nos enterrements! quelle éloquence dans leurs regards! quelle profonde signification dans leurs moindres paroles!

Avant d'entrer dans la ville, mes regards avaient été frappés à l'aspect d'un hideux monument, tristement caractéristique de l'état social du pays. Je veux parler de la fameuse pyramide quadrangulaire tronquée, incrustée de trois ou quatre mille crânes des chrétiens serbes qui succombèrent dans un combat contre les Turcs en 1816, et dont le fanatisme musulman a fait, aux portes de Nissa, ce barbare trophée. Non loin de là, malgré la délicieuse physionomie de la plaine, plusieurs villages dévastés, heureusement en moins grand nombre qu'on ne croyait en France, attestaient le passage des bandes albanaises, plus redoutables que la peste et plus difficiles peut-être à extirper du sol de la Turquie. On conçoit difficilement dans nos contrées civilisées l'existence de ces bandes qui sont, pour ainsi dire, comme l'expression organisée de tous les fléaux. On ne peut pas se figurer, aussi près de nous, des populations entières systématiquement constituées pour le pillage et n'ayant d'autre existence que le vol à main armée sur une grande échelle. Telles sont les hordes albanaises, que le gouvernement de la Porte n'a pu réduire encore à l'obéissance, et qui, distribuées sur une partie importante de son territoire, n'ont été contenues jusqu'à ce jour qu'en leur livrant, pour ainsi dire, à discrétion les familles chrétiennes. Cette écume de l'humanité s'exerce dès l'enfance au maniement des armes pour toute industrie. Ses instruments de production sont le poignard, le fusil et le pistolet. Pour elle, tout chrétien est une proie légitime, naturelle, héréditaire. Les Albanais ont des rayas à piller comme nos paysans ont des terres à mettre en culture. Quand je leur exhibais parfois le firman du grand-seigneur pour adoucir leur insolence, ils me répondaient ironiquement : « Le sultan est maître chez lui, mais nous sommes maîtres chez nous... »

Tel est l'état réel de la Turquie d'Europe en ce moment. Il y a deux populations en présence : la population chrétienne, qui s'avance vers des destinées nouvelles avec la force majestueuse et irrésistible de la marée montante ; et la population turque, qui essaie en vain, comme feraient quelques rochers épars sur un rivage, d'arrêter le flot venu de la haute mer. Les chrétiens, en effet, viennent de loin en Turquie : ils datent de Byzance et de la chute de l'empire romain. Les Musulmans eux-mêmes ont pris soin de les multiplier, en les exemptant, comme infidèles, du service militaire, qui épuise aujourd'hui les derniers restes de vigueur de la race turque. Il y a quelque chose de providentiel dans cette persécution opiniâtre qui dure depuis la prise de Constantinople, et qui a conservé intacte, durant quatre siècles, toute la famille chrétienne d'Orient. Il suffit de voir les deux races en face l'une de l'autre, de compter leur nombre et de lire dans leurs yeux, pour comprendre que de grands événements se préparent, et que l'Europe chrétienne doit y être attentive.

En voulez-vous quelques preuves? les voici. Les troupes turques, exclusivement composées de Musulmans, ne sont qu'une réunion forcée de borgnes, de bossus, de boiteux, d'éclopés. Depuis la suppression des janissaires, qui, du moins, vivaient de la vie de famille, et ne manquaient pas, malgré leur fanatisme religieux, de vertus domestiques, les troupes régulières qu'on leur a substituées n'ont pas même vécu de la vie de caserne, mais plutôt, sauf les mœurs, de la vie de couvent. Ceux de ces innombrables célibataires, que la discipline du Nizam empêche d'assouvir aux dépens des femmes chrétiennes des passions plus impérieuses en Orient qu'en aucun autre pays, tombent bientôt dans des excès sans nom, qui les dégradent et les déciment tout à la fois. Il m'est impossible d'exposer ici, même avec la plus grande réserve, les conséquences sociales de cette démoralisation profonde et incurable, particulière à la race turque. Je ne l'aurais pas supposée possible, si je n'en avais trouvé partout, à chaque pas, la trace lamentable, cette fatale trace qui signifie qu'un tel peuple s'en va. Que dirai-je aussi d'un autre signe funeste de la décadence musulmane, de ce crime effroyable qui attente à l'humanité dès avant le berceau, et qui s'exerce en Turquie, comme profession, avec une habileté infernale? il y aurait de quoi frémir si je hasardais la statistique de ces homicides, qui disputent chaque année des milliers de créatures au créateur! Personne ne voudrait croire que ces horreurs soient commandées, comme des expédients réguliers, par d'affreux malthusiens qui n'ont pas lu Malthus, mais qui l'ont deviné!

Ainsi, la race turque s'appauvrit à vue d'œil sous l'influence du principe, religieux chez elle, de la polygamie. J'exposerai plus tard quelle part ce principe a faite à l'état social de la femme : en attendant, la part de l'homme est évidente. Quoiqu'il use de la polygamie beaucoup plus sobrement qu'on ne pense en Europe, le Musulman lui paie un tribut bien amer, rien qu'en la conservant comme principe. Il s'abaisse en abaissant la femme, il se ruine en voulant la ruiner. La polygamie ne marche plus, en Orient, qu'accompagnée du cortége hideux que je viens de décrire. Il n'y aurait bientôt plus de Turcs dans la Turquie d'Europe, si ces vices continuaient d'y régner seulement pendant vingt-cinq ans avec l'horrible intensité qu'ils ont acquise depuis l'avénement de Mahmoud. Je n'en dirai pas davantage : la sainteté des mœurs de mon pays m'oblige de jeter un voile épais sur ces misères de l'humanité. Mais j'en conclus ce que je dois à la vérité historique, c'est que de tels symptômes annoncent l'heure de la fin.

D'un autre côté, la race chrétienne s'élève radieuse du sein de la persécution religieuse et politique, et pénètre le voyageur attentif d'une douce espérance. Je n'ai pas vu sans respect et sans émotion la chasteté assise au foyer des populations bulgares, celles surtout qui appartiennent à la souche slave : c'est un spectacle admirable. Le long malheur qui a pesé sur elles semble les avoir épurées. Les caractères se sont retrempés dans les rudes épreuves que l'islamisme triomphant leur a fait subir. Les affections domestiques se sont fortifiées dans le sanctuaire, sans cesse menacé, de la famille. C'es là qu'on retrouve intactes des vertus qui s'affaiblissent dans nos pays de liberté précoce et d'émancipation hasardeuse : la déférence filiale, le respect des femmes, la fidélité conjugale, la dignité paternelle. Il fait beau voir aussi la récompense de ces vertus dans la robuste vigueur des paysans Bulgares, dans la santé dont jouissent leurs enfants, et dans leur modeste bien-être, partout où l'influence turque ne se fait pas trop sentir, comme autour des résidences désolées des pachas, ou dans le voisinage des bandes albanaises. J'ai quelquefois assisté à Tatar-Bazardschik, par exemple, au service divin célébré dans le petit nombre d'églises que la susceptibilité musulmane permet aux chrétiens de fréquenter le dimanche, et sans la présence de quelques Turcs autour de l'édifice, j'aurais pu, en voyant la haute stature des hommes et la vivacité recueillie des femmes, me croire dans quelque temple d'Allemagne ou quelque paroisse de Hongrie.

Je regrette de ne pouvoir entrer dans des considérations d'un autre ordre, qui ont été le fruit de mes nombreuses conférences, soit avec les pachas, soit avec les archevêques bulgares. C'est un devoir d'honneur de ne pas compromettre, même au profit de la science, et ne fût-ce qu'en les nommant, tant d'hommes respectables qui ont bien voulu rompre en ma faveur le silence commandé aux uns par la politique, aux autres par la prudence. Je me prive du plaisir de leur rendre justice, mais je ne renonce point au droit de dire ici combien il serait à désirer que de tels hommes pussent s'entendre pour épargner à l'empire ottoman les secousses douloureuses qu'amènera tôt ou tard une séparation violente entre les deux races. A l'heure où nous parlons, ce but peut encore être atteint, malgré les plaies profondes dont la Turquie est rongée. Les pachas éclairés, ou simplement sensés, vivent en bonne intelligence avec le clergé chrétien; mais généralement les lumières manquent des deux parts. Les populations chrétiennes ne demandent en ce moment que la sécurité des personnes et des propriétés, et quelques garanties pour l'honneur des familles. Une telle concession, si elle était sérieuse et prompte, conjurerait peut-être pour longtemps l'orage toujours près d'éclater. S'il éclatait trop tôt, la race chrétienne indigène ne serait pas prête : puisse l'Europe être prête pour elle, et comprendre que la solution de ce grand problème ne saurait être l'affaire d'une seule nation, mais de toutes !

Heureusement, ce concert général, si difficile en politique, s'organise peu à peu, à l'insu même des États qui y concourent. Chaque jour la vapeur facilite la tâche de la diplomatie. La Turquie est cernée de toutes parts par les lignes de la navigation française, autrichienne, anglaise et russe. La Compagnie des bateaux du Danube a pris un développement si considérable, que dans certains moments il est très-difficile aux voyageurs d'y trouver des places. Les paquebots français ne transportent pas seulement nos touristes, mais des milliers de pèlerins musulmans qui vont à la Mecque par Alexandrie, ou qui en reviennent. Odessa est en rapports réguliers avec le Bosphore. Enfin la ville de Trébisonde, qui est la clef de la Perse, et qui n'envoyait pas plus de cinquante ou soixante passagers à Constantinople sur de mauvais bâtiments à voiles, en expédie chaque semaine sept à huit cents par les paquebots du Lloyd autrichien, et j'ai rencontré à la pointe du sérail un de ces navires tellement chargé de monde, que les voyageurs, serrés les uns contre les autres, avaient dû se tenir debout pendant toute la traversée. Il est impossible que la Turquie résiste longtemps à cette invasion de la civilisation qui la côtoie sur toutes ses frontières. Les efforts louables que son gouvernement a faits pour conjurer la peste, et qui l'en ont préservée depuis près de quatre ans, ne contribueront pas moins à y attirer les entreprises de l'Europe, surtout quand le régime abusif des quarantaines aura été réduit à des limites raisonnables. Je me propose de publier bientôt un travail approfondi sur ce sujet si intimement lié aux intérêts de l'Orient.

Je me bornerai, pour aujourd'hui, aux réflexions qui précèdent. Mais la question sociale qui s'agite dans la Turquie d'Europe est trop grave pour n'être pas étudiée de plus près et avec de plus amples détails. Leur nouveauté même sera mon excuse, si plus tard ce travail paraissait dépasser les proportions dans lesquelles je m'efforcerai de le circonscrire. J'examinerai donc, dans les lectures qui suivront, l'organisation actuelle de l'administration turque et le système financier de l'empire, ainsi que les ressources publiques dont le gouvernement dispose, l'état véritable de son industrie et de son commerce, le caractère et l'influence de la puissance religieuse, la condition sociale de la femme, et les chances de régénération ou de décadence qui me paraîtront devoir résulter de tous ces éléments particuliers de la nationalité turque.

Imprimerie d'Auguste Desrez, rue Lemercier, 24. Batignolles-Monceaux.

www.ingramcontent.com/pod-product-compliance
Lightning Source LLC
LaVergne TN
LVHW020504230826
846091LV00008BA/3339

9782016139769